JN438149

문학공원 시선 225

길 위에 새긴 시 2

박춘임 열번째 울림

문학공원

문학공원 시선 226

길 위에 새긴 시 2

박춘임 열번째 울림

문학공원

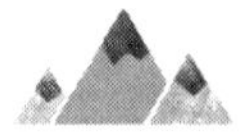

시인의 말

경계에서 유혹당해버린 길

인간은 경계에서 늘 유혹을 당한다. 행정구역의 경계 표지판을 보면 여행자라면 누구나 그곳에 가보고 싶어한다. 또한 여행은 어디든 무작정 나서야 제맛이라는 막연한 생각을 한 적이 있다. 그러나 여행은 꼼꼼하게 준비를 한 만큼 여유롭고 정서적인 여행이 될 수 있다.

지도를 펼쳐놓고 지리적으로나 시간적으로 많은 고민과 연구를 했다. 부족한 부분은 관할 시 군청 문화관광과에 전화로 문의를 하면서까지 시간을 투자하면서 재미와 편안함을 간직한 여행의 지름길을 만들었다. 특히 혼자 떠나는 여행은 동행자와 나란히 떠남으로 인하여 서로의 생각 차이로 오는 갈등을 피하고 오롯한 자유로움을 즐길 수 있는 그야말로 순순한 자아를 발견할 수 있었으니 일생 중 참으로 소중한 기회이기도 했다.

『길 위에 새긴 시』 제2집은 전라도를 제외한 우리나라의 여행지를 모아 지역마다 특별한 풍경과 정서를 엮어놓았다.

아울러 작품 속에 그 지역의 특성을 담으려고 신경을 많이 썼다. 멀어질수록 신비와 모험이 무궁무진한 우리나라 관광지는 서둘러 길을 나서고 싶어지는 매력이 가득하다.

인생은 고독한 여행길이다. 아무한테도 방해받지 않고 홀로 하는 여행이 좋다. 기력이 쇠약해 여행이 힘들어질 때 지난 여행을 추억하며 지내고 싶다. 훗날 먼 길 떠날 때 후회하지 않게 멋진 삶을 살다가 미련 없이 가고 싶다.

코로나로 인하여 모두에게 힘듦을 안겨준 것은 사실이지만 자국민들에게 일상의 소중함과 우리나라가 얼마나 아름다운지 깨닫게 해준 계기가 되면서 여행을 좋아하는 독자들의 발걸음에 『길 위에 새긴 시』와 함께 동행하려 한다.

2023년 여름

여행하는 시인

월출산여우 **박 춘 임**

추천의 글

여행의 감상과 삶의 힐링

김 홍 식(전라남도시인협회장)

"월출산 여우"는 박춘임 시인의 닉네임이며, 월출산 줄기 영암에서 가정과 문단 그리고 사회적 삶에서 모범이 되고 있는 시인의 별명처럼 나는 감히 영암여우라고 부르고 싶다.

시인을 만나거나 시인의 시를 접할 때마다 세대의 경계를 초월하여 늘 꽃다운 열여섯 소녀의 순수한 인간미가 듬뿍듬뿍 느껴지기 때문이다.

시인은 공직생활의 구속에서 일탈하여 끊임없이 자유분방한 생활을 추구하면서 보다 더 성숙한 시인으로 거듭거듭 태어나고자 두루 여행을 해왔다.

또한, 여행 중에 보고 듣고 느낀 바를 순간순간 잘 포착하여 한 편의 드라마틱한 시를 엮어내는 남다른 예술적 감각에 뜨거운 찬사를 보내고 싶다.

시인은 시로 말한다. 시집출간을 통해서 인간의 순수한 삶을 맘껏 발산하고 있는 영암여우의 멋진 몸부림에 한없이 부러움을 느끼며 『길 위에 새긴 시』를 읽는 독자들에게 여행의 감성과 삶의 힐링에 크나큰 길잡이가 될 것으로 여겨진다.

제1부
상화원의 밤 — 충청남도

제2부

이끼의 말 — 충청북도

제3부
동백꽃이 된 여자 — 경상남도

제4부

육지속의 섬 회룡포 — 경상북도

제5부

꼭 한 번은 가보아야 할 곳 — 강원도

제6부

산정호수에 내 품을 포개다 — 경기도

제7부

혼자 떠나는 여행보고서

제1부

상화원의 밤

— 충청남도

서동요역사관광지 ㅡ 테마파크

물살 따라
바람 따라
발자국 따라
그 위를 가로지르는 출렁다리

드라마 속에서 만났던
산과 물이 어우러진 그곳

형형색색 쉼 없이 돌아가는 바람개비와
스쳐 지나는 덕용저수지의 바람과 함께
부여의 마모된 세월을 만났다

* 덕용저수지 - 충남 부여군 충화면 가화리
* 서동요테마파크 - 충남 부여군 충화면 충신로 616

백제문화단지

화려하지만 사치하지 않다는
검소하지만 누추하지 않다는
넓은 부지 위에
웅장한 백제문화의 흔적을 찾아
백제인의 삶을 들여다봅니다

정양문을 시작으로
생활문화마을까지
섬세함과 화려함이 깃들어
왕좌(王座)의 존엄함이 전해지는 듯

겨울의 끝자락에
황금색 잔디와 석등
그리고
우람한 능사 목조오층석탑의 풍경이
참 멋지고 아름답더이다

* 백제문화단지 - 충남 부여군 규암면 백제문로 455

궁남지

천만송이 서동연꽃축제의
칠월이 있다면
굿뜨레 국화전시의
시월이 있다면
한겨울에 궁남지의 민낯을 본다

겨울 호수의 운치는
백제의 부드러움과 잔잔함이라
느티나무 둘러싸인
백제의 단아함을 보았네

핑크빛 노을과
연못에 비친 반영이 궁남지의 매력이었어
포룡정의 고즈넉한 분위기가
진정 지친 마음의 쉼터였어

* 궁남지 - 충남 부여군 부여읍 궁남로 52

낙화암

낙화암에서 내려 보는 백마강이나
백마강에서 올려 보는 낙화암이
놓칠 수 없는 절경이라

백마강 유람선의 물살을 가르는
유유자적하는 저 유람선 좀 보시게나

꽃다운 나이에
꽃잎처럼 떨어진 백제의 여인들이여

그 충절과 넋으로
생기 넘치고 살아볼 만한
이 시대 이 나라의
국운으로 이끌어주소서!

* 낙화암 - 충청남도 부여군 부여읍 성왕로 247-9

미암사

산이 산을 물고
멀리멀리 멀어지는 산그리메가
무척이나 깊은 산속 암자였겠구나

추운 겨울이 잠잠해진 미암사
부처님의 인도를 받는 듯
사찰의 언덕 기슭에
금부처가 환영하는 이곳에

자기를 바로 보라는 뜻으로
와불도 누워계신다니
무엇을 찾아 나선 것이 아닌
내 안의 향기
다시 꺼내 품어보기로 하네

* 미암사 - 충남 부여군 내산면 성충로미암길 128

고란사

애절한 참사를 지켜보며
백마강과 함께
유구한 세월을 이어오다
잘 자라던 고란초는
어디로 자취를 감췄을까

먼 역사의 뒤안길
고란초로부터 유래된 고란사
고란초 없는 고란사가 되어

걸으며 만나는 백제 문화와
백마강 위에서 흐르는
백제의 세월을 묶어두었다

* 고란사 - 충청남도 부여군 부여읍 쌍북리 산 1

대둔산

죽을힘을 다해
879m의 정상에 발을 딛는
그것은
마치
한 걸음 한 걸음
극복하며 살아낸
인생 같은 것

살면서
죽고 싶을 만큼
힘들고 어려울 때
구비 구비
견디며 살아
의욕으로 다시 일어서는
삶 같은 것

애당초
목숨 받아 산다는 것은

결국
목숨을 걸고 사는 것이다.

* 대둔산 - 충남 논산시 벌곡면 수락리

현충원을 다녀와서

빗방울 하나까지
땅속 깊이 스며들어 젖는 것이
땅이라면
흙이라면

묘비 사이를
가로지르는 봄 햇살에
뼛속까지 젖는
가슴들이여
마음들이여

빛나게 살아
죽어서 흙이 된 것이 아니라
흙으로 살아
거룩한 성지를 이룬
민족의 성역에
3월의 꽃이 만발했습니다

* 대전 현충원 - 대전 유성구 현충원로 251

홍원항

동해 같은 서해바다 홍원항에 가면
세찬 겨울바람도
한 곳에 머무는 것을 용납하지 않는다

바다로 뻗은 방파제와
줄줄이 엮여있는 어선들이 연출하여
희고 빨간 등대가 아름다운 곳

선박들이 정렬된 그대로
흔들거리고 살랑거리는
멋진 일렁임

그 겨울 바다를
호젓하게 거니는
연인의 풍경이 조화롭다

* 홍원항 - 충남 서천군 서면 도둔리 홍원길

맥문동 군락지에서 – 장항송림

서천 장항송림에
쭉쭉 뻗은 해송
반그늘에서 온몸으로 피워낸
보랏빛 맥문동
이 환상적인 콜라보에
샤방샤방
그 속에 집을 짓는다

하늘도 지역의 경계를 나누는
가을 장마속 에
휘영청 휘어진 초록 이파리
맥문동 보라 꽃대를
받쳐주고
품어주고

솔도 아닌 꽃도 아닌 나는
혼자라도 온전히
비우고

채우고

* 장항송림 - 충남 서천군 장항읍 송림리 산 65

성경전래지 기념관

전자와 같으면서 전자가 아니고
언문과 같으면서 언문이 아니었던
처음 만난 성경이
이곳에 첫발을 딛고

주기도문을 번역하기까지
가슴과 가슴에 성경을 전하기까지
조선 선교에 희망이 되었다는
이 나라 최초 성경전래지를 걸어 보면

가장 긴 책은 구약에 시편이고
가장 긴 장 또한
구약에 시편이었다니
태초부터 우리는
신앙처럼 시를 품고 사는 것일지도 몰라

* 성경전래지 기념관 - 충남 서천군 서면 서인로 89-16

태고사의 가을

사찰보다 더 오래된 주목 나무가 있고
석문보다 더 오래된 이끼 입은 고목에
전설의 세월이 숨 쉬고 있어

첩첩 쌓인 기묘한 양봉들
높은 구름과 나란히 떠 있는 태고사
탐나는 소삭된 질경이여

하늘은 푸르고
산은 붉고
쉬이 자리를 털지 못하는
내가 나를
한없이 뒤돌아보았어

* 태고사 - 충남 금산군 진산면 청림동로 440

안면도 일대 – 가족이 머무는 풍경

내 몸 조각들이
각자의 의미로 나누어 살다가
서로의 간격을 좁혀
완성된 퍼즐처럼 만났습니다

묵은지 같은 전라도의 품과
그리움 같은 경기도의 가슴이
퍼즐 한 조각도 허실 없이
안면도에서 완성품이 되었습니다

부모는 자식을 챙기고
자식은 그의 자식을 챙기고
침묵해도 들을 수 있으며
눈 감고도 볼 수 있는
가족이 머문 풍경이
산과 바다보다 더 아름다워

가족 여행의 끝자락에

노을 한 조각까지 따라나섭니다

* 2020년 5월 안면도 일대 가족 여행 - 충남 안면도 일대(드르니항, 코리아 플라워파크, 안면 산림휴양지, 안면암)

예당호 출렁다리

등 따시고 배부른 사람들이
사는 것이 시시하고 외롭다며
예당호 이팝나무 아래 모여
꽃멀미로 흐느적거리고 있습니다

마르지 않는
오월의 눈물 같은 여우비 속에
인산인해를 이룬
무료한 일상들이여

강물이 깊다한들
인연이 깊다한들
삶에 어찌
출렁임 한 번 없겠는가

출렁이는
제자리의 매력을 잃은 사람들이
예당호 출렁다리 위에서

제자리를 재생하고 있습니다

* 예당호 출렁다리 - 충남 예산군 응봉면 후사리 35

상화원의 밤

뻔히 알고 있는 6월의 색깔이 신비롭다
분명 낯선 풍경인데 익숙하고
매일 대하던 자연인데 황홀하다

눈으로 들어오는 낯선 풍경과
가슴으로 들어오는
익숙한 추억이 오가는 사이에서
조곤조곤 소리를 만들고
자박자박 발자국을 보탠다

인생의 터닝포인트가
광나는 화려함보다는
잔잔한 평화이기를
육십갑자 돌아앉은 모퉁이에
상화원의 밤이 깊어간다

* 상화원 - 충남 보령시 남포면 남포방조제로 408-52

꼭 한 번은 가보아야 할 곳 – 독립기념관

누군가는 지켜야
다시 찾아올 수 있기에
역사의 주인공은
뿌리에서부터 민족의 혼이었습니다

영웅들의 함성과 시련
존경과 미안함
그리고
아픔

독립기념관 태극기 한마당
그 펄럭임 아래서
가슴이 피처럼 끓어오르는
이 새삼스러움

아… 단 한번도
나라에 대한 열정이
뜨거워 보지 않았음을 고백합니다.

* 독립기념관 - 충남 천안시 동남구 목천읍 독립기념관로 1

개화예술공원

리리스 카페에서 만난 그 꽃 무더기
모가지가 꺾이고
시들어 비틀어져서
향기는 떠났지만
그를 모르는 이 없다

개화예술공원에서
딛어보고
읽어보고
느껴보고

모산미술관의 그 조형들
쳐다보고
들여다보고
만져보고

숨을 쉬는 고요처럼
숨이 멈춘 고요처럼

사람이 지나간 자리마다 작품이다.

* 개화예술공원 - 충청남도 보령시 성주면 성주산로

아름다운 정원 화수목

한겨울에는
떨어진 꽃잎도
아름다움의 절정이 되더라
메마르고 쓸쓸한 풍경도
가슴 벅찬 풍요가 되더라

걷기만 해도
명품이 되는 정원을 자박자박
스스로 안기는 기억들 주섬주섬

소박하고 고즈넉한 화수목정원에
종종종 찾아드는 느린 시간들이
온통 편안한 힐링인데

지금 뭐가 중요해?

* 화수목 정원– - 충남 천안시 동남구 목천읍 교천지산길 175

신동엽 시인은 가고 그의 시는 살아있다

나고 자란 백제와 부여를 작품에서 살게 하고
부여가 지닌 의미를 시에 녹여냈으니
마을길 마다 여전히 그의 시는 살아있다

시는 여전히 깃발로 날리고 있으며
벽에 기댄 시인의 삶은
껍데기는 가라고 외치는
민족정신의 날카로움이
이 시대의 뜨거운 열망처럼 타오르고 있다

그렇다
격한 감동을 시어로 표현하기 위하여
시인의 깊은 곳에서는
아주 오랫동안 속앓이를 해야만 했을 것이다

오늘
시인 신동엽 가옥에서 그의 시를 읽고 간다

* 신동엽 문학관 - 부여군 부여읍 신동엽길 12

소풍길 탑정호 출렁다리

탑정호 출렁다리를 건너는 소풍길은
그냥 삶의 감성을 오롯이 담고 있다.

봉황산을 등에 업다가
대명산을 등에 업다가
비로소 내려 보니
맑디맑은 대둔산의 물줄기와
하늘까지 사로잡은
사월의 꽃비가 장관이더라

탑정호의 수려함과
계백혼이 살아 숨 쉬는 솔바람 길에
잠시 쉬어가는 여유로움이
수변길에 봄 빛 가득한 반영으로 가득하다

* 탑정호 출렁다리 - 충남 논산시 가야곡면 종연리 155

제2부

이끼의 말

— 충청북도

사인암

홀로 일어서는 것 어디 있으며
홀로 무너지는 것 또한 어디 있으랴

푸르고 영롱한 맑은 물과
옥빛 계곡이 어우러져 걸작이 되어
홀로 세월의 풍파를 견뎌낸
저 당당함
저 고고함
수려한 산수화의 풍광이구나

흐르다 굽이치는 물살이
운계천의 절정이라니
수직으로 깎아지른 사인암 아래
두려움도 없이 근심도 없이
여기
시詩 한 줄 새겨 띄워 보낸다

* 사인암 –충 북 단양군 대강면 사인암2길 42

도담삼봉

남한강이 휘돌아 가며 이룬 깊은 못과
우뚝 솟은 삼봉의 절경은
혼자서도 빼어났으나
삼도정이 얹어 운치까지 더하더라만

장군봉을 등지고 있는 처봉이 애처로워
나도 몰래 첩봉에 눈 흘기며
먹먹한 가슴으로 고개를 돌린다만

아름다운 산수를 사랑한
인문학적 사유를 깨닫는 도담삼봉에
잠시
오묘한 매력을 담아간다

* 도담삼봉 - 충북 단양군 매포읍 하괴리 산 20-40

수양개빛터널

내 가슴 이토록 흔들어놓고
비밀의 정원이라니
흙에서도 빛이 나듯
만물이 빛인데
빛 터널이라니

마음이 엉키어 빛이 되고
몸을 태워 욕심을 쫒는
세상의 휘어진 빛을 거부하는
수양개빛터널의 환상적인 빛이여
꽃길 같은 우리들의 희망이여.

여행의 끝에 피는 힐링의 빛
조미되지 않은 단순한 빛은
진정한 기쁨이더라.

* 수양개 빛터널 - 충북 단양군 적성면 수양개유적로 390

단양강 잔도

한세상 산다는 것이
홀로 여행 중에 만나는
연약하면서도 강인한 풀꽃 같은 것

삶의 낮은 자리라도
내 발 아래 남한강이 흐르고
벼랑 위의 아슬아슬함이라도
삶에서 얻은 신중함이 온통 여유로움이었어

암벽을 거닐며 유유자적할 수 있음은
남한강의 정취는 물론이요
스릴과 짜릿함이
벼랑 끝에서 나를 찾는 느낌이었어

오늘
단양강 잔도의 아름다운 풍광
그 한 페이지를 내 인생에 추가한다

* 단양강 잔도 - 충북 단양군 적성면 애곡리

이끼의 말 – 이끼터널

지구의 가장 험한 곳에서도
잘 살 것이라고 치부해버린 사이

꽃인지 줄긴지도 모르게
꽃도 열매도 없다고
치부해버린 사이

빛이 드는 빛터널과
하늘 가까운 스카이워크와 나란히
장엄한 이끼 터널을 이루었습니다

잘 견뎌내는 것.
삶의 매력입니다.

* 이끼터널 - 충북 단양군 적성면 애곡리 129-2

충주 라이트월드

휘어짐 없이 스며드는 부드러움
소리를 깨워 빛의 힘을 모아둔
화려한 세상 하나

불의 역사로 시작하여
빛의 축제가 된 청주의 밤은
천지가 하나 되어
우주의 밤빛에 멱을 감네

세월이 흐른 만큼
나 세상으로 걸어 나와
왕의 온천 수안보에 흠씬 젖었어
충주 라이트에서 황홀한 별을 품었어

세상은
혼자도 감사입니다

* 충주 라이트월드 - 충북 충주시 남한강로 금릉동

구인사

단양이라
아름다운 산수의 젖줄 남한강과
품이 넓어 안락한 소백산 자락에
심장처럼 박힌 구인사는
하늘에서
가장 가까운 기도의 자리

천혜의 요새라
보이지 않는 풍경소리에도
생동감이 넘치는 천 가지 매력은
처마 끝을 올려다보아 웅장하여라
사찰 곳곳 주저앉아도 엄숙하여라

* 구인사 - 충북 단양군 영춘면 구인사길 73

대통령의 뜰 – 청남대

청남대의 늦가을은
높낮이 없이 어우러진
하늘빛과 만발한 국향이
순리와 백성에 엎드린 흔적이던가

아버지의 뜰에 자란 아이들이
아버지가 올려다보시던 그 하늘 아래서
아버지의 아릿함을 느끼며
아버지가 계시는 그림을 그리듯이

대통령의 뜰에서 이 나라의 국민들과
대통령이 몸을 낮추던 그 길을 걸으며
대통령의 업적을 기리는
훈훈한 그림 한 장 그렸으면 좋으련만

대통령의 뜰을 다녀간 그림자가
아득히 깊고 어두워
깊은숨 한 번 몰아쉬어 봅니다

* 청남대 - 충북 청주시 상당구 문의면 청남대길 646

제3부

동백꽃이 된 여자

— 경상남도

사량도 · 1

산은
바다를 내려다보고
바다는
산을 받들고 앉아있는 섬
사량도

수많은 발걸음이
다도해를 내려다보며
봇물처럼 터놓은 마음들을
품고 앉아있는 섬
사량도

남자의 우직함이
여자의 먹빛 가슴에
안겨 있는 듯
사량도는 구비구비 다도해에
온몸을 담군 채
사랑을 전제로 앉아있다

* 사량도 - 경남 통영시 사량면 금평리

사량도 · 2 — 동백꽃이 된 여자

바스락거리는 가을
흰 눈 내리는 겨울 산에 오르려거든
여자는 가끔
새빨간 립스틱을 칠해 볼 일입니다

앙상한 겨울 산에 동백꽃이 될 수 있는
여자는 가끔
새빨간 립스틱을 칠해 볼 일입니다

마른 산 내려오는 길에
촉촉하여 미끄러질 뻔한
새빨간 동백꽃 같은 입술을 만났습니다

때로는
여자가
동백꽃이 될 수도 있습니다.

북천역 꽃양귀비

한 송이도
유독 눈에 들어오는 꽃양귀비
하동 북천역에
흐드러지게 피어
그 출렁거림이 고혹적이더라

아는지 모르는지
가자느니 못 간다느니
술주정 중에도
미인은 곱다더라만

삶의 지극함이여
지극한 삶이 머문
북천역 꽃양귀비 같은 인생들이여
세월은
꽃만 두고 가더란다

* 하동 꽃양귀비 축제 북천역 - 경남 하동군 북천면 경서대로 2347
동정호생태습지 - 경남 하동군 악양면 평사리 305-2

삼성궁의 초가을

지리산 청학동에서
가을을 만나고 왔습니다

건조된 햇살과 바람 사이로
청학 한 마리가 품은 초가을이
넓고도 깊어서
그지없이 고즈넉하더이다

단군신화를 품은 삼성궁
배달의 길에 드러누운 가을이
몸 푸는 여자의 쓸쓸함 같더이다

* 삼성궁 - 경상남도 하동군 청암면 삼성궁길 85

남강에서 건진 바람 – 진주성

주말
전국의 비 소식에
비를 피해 촉석루에 들러
역사 속의 한 여인을 만났습니다

부드러우나 강한 남강의 푸른빛은
제 몸속에 깊이 묻은
논개의 빛 같은
결단일지도 모를 일입니다

지금
가슴에 띠를 두른 위정자들이여!
떠밀지 않아도 유유히 흐르거나
길을 막으면 돌아갈 줄 아는
그 강 같은 서민의 마음씨

그 곳에
눈부시지 않게 바라볼 수 있는

함께 아름다움으로 젖을 수 있는
다툼 없이 열정을 나눌 수 있는
빛이 되어주소서!

* 진주성 - 경남 진주시 남성동 87-1

나는 와인의 자식을 낳았다 – 하미앙 와인밸리

오래될수록 깊을수록
해묵은 영혼에서 신비가 흘러나와
청춘의 입술을 터뜨리고
시인의 눈물을 만들었구나

세상의 철학과 장밋빛이 모여
세상의 젖은 노래가 하늘을 나는
세상의 순수를 만날 수 있는 그곳
하미앙 와인벨리에서

나는
서슴없이
와인의 자식을 낳았다

* 경남 함양군 함양읍 삼봉로 442-14

시인의 대도섬

사람이 사람을 떠나
섬이 되고자
섬에서 뿌리를 내린
구비 전설의 유인섬이라네

동서는 좁고
남북은 길다는
노랑해전 한복판의 대도섬

박석 깔아 놓은
정성스러운 섬 길을 걸으며
이순신의 되울림 쉼터에서
신을 만난 명상으로

노을 지는 모습이
정갈한 노인처럼
아름답다고 노래하고 싶었어

* 하동 대도섬 - 경남 하동군 금남면 대도리

동의보감촌, 그곳에 다녀오다

몸이 아파 신음소리 절로 나올 때
알뜰하게 곁에 있는 이가
두 손 꼬옥 잡는다 한들
나만큼 내 몸을 알겠던가

몸은 자연과 같아서
내 안에서 생기를 피우는가 하면
꽃잎 지듯 기우는 것도
내 안에서 일어나는 일이니

풍토에 적합하다 하여
스스로 거울처럼 익혀야 할 보감
우리에게 맞는 천하의 보물이여
그래서 동의보감이라 한다네

그뿐이랴
몸이 아프면
비로소 낮아지고 겸손해지는 것이니

가끔은 질병을 앓는다는 것 또한
감사이며 고마운 일이더라

* 동의보감촌 - 경상남도 산청군 동의보감로 555번길

남명의 길 회남재를 걷다

계곡은 청암천이요
호수는 하동호에
강줄기는 섬진강이라네

낙남정맥을 넘고
청학동을 거처
섬진강만 굽어보고 되돌아가신
남명은 무슨 사연 있었을까

회남정 아래로
가을빛 머금은
악양의 토지가 찬란한데

어머니의 길을
어머니가 되어 걷는
이 땅의 어머니들처럼

시인의 길을

시인이 되어
시인의 토지를 더듬어 왔다

* 회남재 - 경남 하동군 청암면 묵계리 산 320

아름다운 남해에서 · 1

폐품으로 만들어진 조형물들이
아득한 고향 집
부모님 닮은 까닭은 무엇일까
가슴이 굳고
무릎이 굳고
기다림마저 굳어버린
커다란 우체통만 멀뚱멀뚱 서 있는
남해 갈현마을을 지나서

초승달 모양으로
깊은 산중 같은 해안
물건리 방조어부림은
한 발짝 건너거나
한순간 시선이 머무는 곳마다
작품이고 예술이다

남해 금산의 절경을 병풍처럼 둘러싸고
호수인 듯 바다인 듯

풍광을 향해 마음이 열리고
마음을 향해 풍광이 밀고 들어오는
상주 은모래비치에 발자국을 남기고
남해의 빛을 담은 빛담촌에 여장을 푼다

* 갈현마을, 물건리 방조어부림, 남해보물섬전망대, 상주은모래비치, 설리스카이워크, 미국마을, 빛담촌 팬션.

아름다운 남해에서 · 2

마치
60년을 살아온 인생처럼
다양한 크기로
다양하게 둥그러진 몽돌해변에서
남해의 아침을 열어

60년을 살아도
때로는 특별한 세상처럼
흔히 볼 수 없는
특별한 풍경의 상족암에서
인생샷의 셧터를 누르고

옛 돌담길
느리게 걷기에 좋은
고즈넉한 학동마을에서
빼꼼 빼꼼 고개 내민
최씨 종가댁 접시꽃도 만나고

알록달록 무지개 길 대포항에
이런저런 모습을 담아
소담소담 소소한 재미를 만끽하며
무지개 해안도로를 달려
특별한 여행을 마무리한다

* 몽돌해변 - 상족암 - 고성 학동마을 - 부잔교 갯뻘탐방로(무지개해안도로)

학동흑진주몽돌해변

기세 좋게 밀려왔다가
돌돌돌 굴려주고 돌아가는
파도와 몽돌의 인연을 지켜보다가

달그락 잘그락 달그락 잘그락
자박자박 자갈 밟는 소리와
파도 소리의 화음이 오묘하여
촉촉해지는 감성 견딜 수 없어

오성급 호텔보다
더 좋은 뷰를 바라보며
간질간질한 나는
몽돌이 파도와
지금 열애 중

* 학동흑진주몽돌해변 - 경남 거제시 동부면 학동6길 18-1

거제식물원 정글돔

신비롭고 환상적인 식물원에
한겨울인데 꽃이 지천이다

밀림 속으로 들어가는
정글의 계곡
정글의 동굴

시시각각 변하고 바뀌는
빛의 공간
빛의 동굴

꽃과 나무의 숨결 속에서
일상의 에너지를 충전하고
압도적인 규모의 정글돔에서
인생샷을 남긴다

* 거제식물원 정글돔 - 경남 거제시 거제면 거제남서로 3595

매미성

삶의 진심이 샘솟는
재주꾼의 정성스러움으로
장대한 성곽이 형성된 매미성

길 위에 있는 많은 사연처럼
매미성에도 많은 생각이
묻어있으리

감히
혼자서 벽을 쌓았다는 이 거대함은
성을 보는 듯
적극적인 인간의 흔적이라

망루에서 바라보는 바다와
거가대교의 경치가 감동이다

* 매미성 - 경남 거제시 장목면 대금리 290

울산 대왕암

울산대교를 지나
울산을 조선의 도시로 만든
조선소들을 바라보며
울산을 굴리는 심장의 소리 같은
바다의 소리를 들으며
대왕암 공원으로 들어선다

절벽과 파도가 어우러진 여유
짙푸른 동해바다 색이
불그스레한 바위 색을 품어
그지없이 선명하다.

독특한 색깔의 향기
남다른 풍광
울산 대왕암에
내 기억의 시간을 심는다

* 울산 대왕암 - 울산 동구 일산동 905

정취암에서 품은 소소한 축복

대성산 팔부 능선 즈음
기암절벽에 걸려
산 아래 풍광을 한눈에 박아 놓은 정취암에
자박자박 내 발자국을 보탠다

작은 바람에도 일렁이는
소망의 보리수잎이
햇빛을 머금고 줄줄이 매달려
마음을 가다듬게 만드는 기도의 자리

오르거나 내리거나
발걸음을 지체하게 만드는 정취전과
너럭바위 위에 세워진 만월정 조망을
그 어떤 선계(仙界)에 비하랴

마음 한 자락 묶어 놓고
자꾸만 돌아보게 되는 정취암의 매력
이것이

산청 정취암에서 품은 소소한 축복이었어.

* 정취암 - 경남 산청군 신등면 둔철산로 675-87
* 부흥교 - 경남 산청군 금서면 특리 산 81

감악산 아스타 국화

오뉴월 장미꽃은
눈에도 담지 않았다
가을에 지천인 국화는
꽃으로도 여기지 않았다.

올가을 감악산에
아스타국화가 만발했다는 기별에
정갈하게 치장하고
오백릿길을 달려갔다.

국화 옆에 기대어
가지런히 손발 모으고
공손히 바라보다가
허리를 숙이다가
끝내는
무릎을 꿇고 그 꽃 올려다보며

꽃은 가만히 있건만

나 혼자 활짝 웃고 있다

아,
당돌했던 젊은 날
감히
내가 꽃인 줄 알았다

* 감악산 풍력발전단지 - 경남 거창군 남상면 무촌리 산 312
* 거창 창포원 - 경남 거창군 남상면 창포원길 21-1

슬도(瑟島)

바위에 파도가 부딪히는데
바위에 바람이 부딪히는데
어찌 거문고만 울었겠는가
홀로 슬도를 지키는 무인등대도
날마다 그리움으로
속울음을 울고 있을지도 몰라

바닷물에 비친 자신의 모습을
물끄러미 내려다보고 있는 등대처럼
설도의 말간 하늘에 물드는 노을을
내 삶의 그림자처럼
나도 내 그리움을 바라본다

* 슬도 - 울산 동구 방어동

간절곶 소망의 우체통

길게 늘어진 간절곶을 하염없이
혼자 걸으며
내 발자국 소리 나만 들었네

낯선 곳에 정착한 하룻밤을
혼자 묵으며
추억처럼 쌓인 길에
홀로 걷는 외로움도 축복이라고
나에게 보낼 편지를 쓰네

간절곶 소망의 우체통 앞에
총총히 줄을 선 사람들 사이에
나를 가장 사랑하는 내가
나에게 안부를 전한다

* 간절곶 - 울산 울주군 서생면 대송리

태화강 십리대숲

일어서려는 사람아
바람의 숨결에
온몸을 휘청거리다가도
대쪽 같은 심지로 십리를 아우르는
태화강 대나무 숲길을 걸어보라

쓰러지려는 사람아
이런들 저런들 까딱없이
푸르게 푸르게 깨어있어
십리 밖까지 울어주는
태화강 대나무 숲길을 걸어보라

피고 지는 꽃이 아니라도
태화강변과 어우러진 대숲 아래 서면
대숲 이는 소리에 여유도 생기더라
제법 낭만도 있더라

* 태화강 십리대숲 - 울산 중구 태화동 636

장생포 고래문화마을

고래를 집채만 하다고 말하고
세상에서 가장 큰 물고기를
고래라고 말하니
검은 바다의 가장 큰 숨이건만
옆구리에 차고 있는 고래의 작은 손은
얼마나 겸손하냐

푸른 바다를 누비다가도
순간에 치솟아 별을 보고
사랑받기 위하여
온몸을 뒤집는 고래의 꼬리는
또 얼마나 순수하냐

나 오늘
고래와 사람이 교감하고 공존했던
장생포에 와서
고래를 기다린다

*장생포 고래문화마을 - 울산 남구 매암동 209-8

통도사에서의 염원

역사상 최초로
대장경을 봉안한 사찰 통도사에
봄꽃들이 만발했다

금강계단에 핀 매화꽃
계곡에 핀 생강나무 꽃
우르르 피었다 우르르 진다 해도
제 자세를 흩트리지 않는 기품 있는 소나무

기울어지고 틀어졌어도
여전히 그 기세를 유지하고 있는
천년고찰 기둥의 품격 있는 결을 보았네

오늘
통도사에 바람처럼 머물며
나 또한 그 누구에게
향기와 품격의 바람이기를…

* 통도사 - 경남 양산시 하북면 통도사로 108
* 자수정 동굴나라 - 울산 울주군 상북면 자수정로 212

수선사의 정원

일주문도 없고
천왕문도 없으며
금강문도 없이
그냥 시골동 네가 끝나는 터
지리산 웅석봉 산기슭에 앉아있는 예쁜 사찰

선(禪)을 닦는다(修)는 수선사(修禪寺)는
심장처럼 끌어안은 마음 심(心)자 모양의 연못에
연꽃의 화려했던 시간들이 휑하여
아직 삼월도 쓸쓸한데

편안함은 카페인 듯
단아함은 사찰인 듯
정갈하게 놓인 정원석에
하늘마저 내려앉았다

* 수선사 - 경남 산청군 산청읍 웅석봉로154번길 102-23

느리게 느리게 남사 예담촌

담장만 보고 걸어도 온 동네가 이어지는 마을
황톳빛 담장은 삼월의 봄빛을 품고
담쟁이 넝쿨은 흙 돌담길을 품었으니
남사 예담촌에 운치가 가득하다

예를 담아드린다는 선비의 마을에
서로를 향해 자라서
서로를 껴안은
뜬금없이 애틋한 회화나무 아래로
두 손 꼭 잡은 연인들의 그림이 아름다운 곳

태조 이성계가 개국공신 이제에게 내린
공신 교서를 새긴 비도 찾아봐야 하고
마을의 역사와 함께해온 오래된 매화나무도 만나야 하며
한국에서 가장 오래된 하씨고가의 감나무와
사양정사 안 배롱나무는 물론이요.
사효재보다 먼저 터를 잡은
장엄한 향나무도 만나야 할 까닭이 있어

남사예담촌은 느릿한 걸음이어야 한다

* 남사예담촌 - 경남 산청군 단성면 지리산대로 2897번길 10

제4부

육지속의 섬 회룡포

—경상북도

육지 속의 섬 회룡포

육지 속의 섬 회룡포는
파도가 후려친 흔적으로
섬이 되었거나
섬이고 싶어서 섬이 아니라
낙동강이 품어 섬이 되었다

살다가 돌아보니
누구 때문에 힘들고
혼자라서 외로운 것이 아니라
삶이 품어 나도 섬이었다

세상의 모든 것은
함께이면서 혼자이다가
물길처럼 돌아가는
그 육지 속의 섬 같은
너나 나나 모두가 섬이다

* 회룡포 - 경상북도 예천군 용궁면 회룡길 92-16

삼강나루 삼강주막

이 시대의 마지막 주막
낙동강 뱃길의 종점인
삼강주막 툇마루에 걸터앉았다

보부상 땀 냄새거나
선비의 풍월 소리
사라진 지 오래지만

국밥에 막걸리 사발 그대로인
옛스러운 향수에
낙동강 절경 그대로니

이만한
주모한상 대접하는 일 만큼
복 받을 일 또 있겠는가

* 삼강주막 - 경북 예천군 풍양면 삼강리길 27

천상의 화원 하늘자락 공원

나선형 슬로프를 따르게 하여
천상의 화원을 조망하게 하는
하늘자락 공원에서
소백산의 수려함을 보았네

하늘과 맞닿은
하늘 전망대에 서서
이 벅찬 감동을
무슨 말로 형용할꺼나

그래 그래
나만 숨을 쉬는 것이 아니었구나
하늘도 나처럼
숨을 쉬고 있었구나

* 하늘자락공원 - 경북 예천군 용문면 내지리 산 74-1

영덕 해맞이 공원 – 해맞이

먹빛 동해의 밤
바다는 하늘을 품어 살을 섞는다
하나가 된 하늘과 바다는
밤새워 서로의 심장을 부딪히며
태양을 잉태하고 있었다.

저 고독한 몸부림
도도하게 타는 저 태동소리
밤새워 아픔을 삼키는 까닭은

바다와 하늘의 배를 가르고 트는
황홀경 핏덩이의 산통을 풀어놓을
찬란한 반전이었다

*해맞이 공원 - 경북 영덕군 영덕읍 창포리 산 5-5

삼사해상산책로

바다위 길에는 바람이 불고
망망대해 앞에서 아득한 심정이었다

주변 풍경은 즐길 여유도 없이
아찔함을 무릅쓰고
조용하게 타박타박 걸어야만 했었다

인생이 그랬었구나
흔들리는 것은 운명이었구나

짧은 구간이지만
충분히 멋진 수상산책로에서
짧은 인생
오늘이
삶의 마지막 날인 것처럼
동해의 옥색 물 위를 걷는다

* 삼사해상산책로 - 경상북도 영덕군 강구면 해상공원길 120-7

선비촌

초여름의 하늘은 선비촌을 품고
선비촌은 한옥과 초가집을 품었다
품어서 어우러진 마을이
참 고즈넉하니 좋다

단정하고 편안한 선비글방을 지나며
윤리도덕의 붕괴와
인간성 상실의 사회적 괴리현상에 직면한
지금 우리들의 일상은
이대로 안전한가

가난 속에서도 바른 삶을 살았던
옛 선비가 되어보는 것
고택을 걸으며
사과 씨만큼의 시대적 정서를 걱정을 해보는 것

잠시였다.
다시 과거에서 현재로 돌아온다

* 선비촌 - 경북 영주시 순흥면 소백로
* 소수서원 - 경상북도 영주시 순흥면 소백로

정크 앤 트릭아트 전시관

바다를 등진 채 바람의 지휘로
풍차가 움직이는 그 곳
정크 앤 트릭아트 전시관에서

새로 탄생하여 제 몫을 다하고
다시 탄생하여 동해바다를 사수하고 있는
정크아트의 혼을 만났다

폐품에서 작품이 되기까지
보편적이지만
감각적이고 섬세하며
강렬하고 충격적인
예술의 혼이 찬란하다

그래
어찌 인생을
직진으로만 갈 수 있겠던가
유턴하는 내 인생

지금부터 새로운 페이지를 시작한다

* 정크 앤 트릭아트 전시관 - 경북 영덕군 영덕읍 해맞이길 254-70

영주 부석사

은행나무 숲길을 한참 걸어야
천왕문을 만날 수 있다는 것은
흩어진 마음까지 정리하고 오라는
기회일지 몰라

허리를 숙여야만
안양루를 지날 수 있다는 것은
겸손한 마음으로 가다듬고 오라는
메시지일지 몰라

중요한 문화재를 머리에 담지 않아도
차고 넘친 가슴을 펴내기에 부족함이 없는 곳

부석사에 머물면
정감에 젖어 다정하고
풍경에 젖어 편안해지는

그래

오늘은 부석사 맞은편 산맥의 장엄함에 기대어
오래도록 멍때리고 앉아보자.

* 부석사 - 경상북도 영주시 부석면 북지리

무섬마을

소백산 줄기를 끼고
낙동강이 휘돌아 머문 자리
감성이 녹아 있는
섬 같은 육지

꽃가마 타고 왔다가
꽃상여 타고 가도록 살고 지고
소담소담 옛이야기 머문 무섬마을에
내성천은 역사처럼 맑고도 잔잔하더라

물 위에 떠 있는 물돌이 마을
느림의 미학이 보존된
아름다운 한옥 별채에 머물러
그냥 가만히 있어보자

고즈넉해서
조용조용 수수해서 좋다

* 무섬마을 - 경북 영주시 문수면 무섬로 234번길 31-12

안동 – 도산서원

천연대에서는 낙동강의 서쪽을 조망하고
동편 언덕에 오르면
도산서원 일대가 한눈에 들어오네

정원의 작은 연못에는 연꽃을 심어
정우당이라 이름하여 그지없이 아름답고
조선시대
낙동강 너머로는 과거가 열렸다는
시사단이 돋보이는 그곳

숲속이면서 시원하게 탁 트인 풍광
낙동강 풍경이 가장 아름다운 곳
아늑하면서 편안한
도산서원 가는 길

돌아오는 길에
도산서원 정원에 핀 5월의 모란을
자꾸만 자꾸만 돌아본다

* 도산서원 : 경상북도 안동시 도산면 도산서원길

하회마을

한옥과 초옥이 섞이고 섞여
멀리서 감돌아 오는 강물이
부용대 품으로 마을을 안았다

각박하고 치열하여
늘 긴장되는 마음들이
사르르 녹아내리는 이 비쥬얼

내려다보이는 발밑은
깎아지른 절벽이요.
강물이 마을을 감도는 모양으로
하회라는 것이 실감나
겸손해진 마음
극한의 평온함과 한적함

모든 곳이 문화재인 하회마을
참 매력적이다

그지없이 소중하다

* 하회마을 - 안동시 풍천면 하회종가길
* 병산서원 - 경북 안동시 풍천면 병산길 386

월영교

안동호를 가로질러
밤에 빛나는 월영교에
뭇사람들의 열정이 가득하다

푸릇푸릇 오월의 경치에
되돌아가고 싶지 않은
이 최상의 아름다움을 어쩔거나

차분하고 조용한 월영교의
가슴 울리는 미투리 이야기
"남들도 우리처럼 사랑을 할까요?"

달빛 내려앉은
정성스럽고 세련된 월영교의 화려함이
한없이 한없이 따라오고 있다

* 월영교 - 경상북도 안동시 상아동
* 낙동강 물길공원 - 경상북도 안동시 상아동 423

제5부

꼭 한 번은 가보아야 할 곳

— 강원도

고석정의 매력에 빠지다

조금만 더 가면
백마고지역이 나올만한 최북단에
그랜드 캐니언이라 불리기에 충분한
웅장함이 있었네

고석루에서 바라보는
정자와 바위의 조화가 일품이라
어찌하여 왕들은 고석정을 찾았으며
세종 강무정이 이곳에 있는지
반하고도 남음직한 경치를 보아 알겠어

솟아 있는 절벽
절벽보다 훨씬 높은 숲길을
한탄강은 고석정을 휘감고
조용히 제 갈 길을 가고 있구나

* 고석정 - 강원 철원군 동송읍 태봉로 1825

한탄강 주상절리길 잔도

강물이 수십만 년 동안
용암대지를 정성껏 깎아 만들어낸
거대한 이곳은
아찔한 스릴과 느낌이 있는 길이라니

주상절리 협곡과
다채로운 바위로 가득한
드르니에서 순담까지
절벽과 허공사 이를 나도 걷는다.

세계 유네스코 지질공원이라
공기도 처음 맛보는 듯 청량하며
풍경은
암만 보아도 이국적이네.

오늘은 하루가 온통 옥빛이었어.

* 철원 주상절리길 - 강원도 철원군 갈말읍 군탄리 산 174

직탕폭포

서로 서로 몸을 기대고
어깨를 겨누고
옆으로 옆으로
우렁차게 흘러내리는 저 물줄기 좀 봐

빛이라면
함께 빛나자는 것 아니냐
떨어질 일이라면
함께 떨어지자는 것 아니냐

하얀 비명도 낮게 지르며
수평으로 어진 마음을 나누는
한탄강의 하류에서 흐르는
저 직탕폭포 좀 바라봐

물에 물을 엮고
몸에 몸을 섞어
도란도란

나란히 나란히 수평의 물길은
수직보다 아름다운 빛이었어

* 직탕폭포 - 강원 철원군 동송읍 장흥리 725
* 은하수교 - 강원 철원군 갈말읍

인문학기행 오죽헌

시집 몇 권 챙겨 들고
도서관에서 두문불출하고 싶다거나
큰길에서 떨어진 인적 드문 곳에서
낯선 것들과 함께 흔들려도 좋을 계절에
사임당과 율곡의 뜰에서
가을 쉼 호흡을 했습니다.

율곡은
"나에게 어머니보다
더 훌륭한 선생님은 없었다."라고 했건만
우리는
사임당과 율곡이 새겨진
그 돈으로
자식 같은 작품을
생산해내고 있는 것은 아닌지

살아있는 사람과의 동행보다
고독해도 좋을 찰진 이야기들이

무릎을 치게 하는 인문학기행
그곳 오죽헌에 다녀왔습니다

* 오죽헌 - 강원도 강릉시 율곡로 3139번길 24

낙산사의 가을

까닭 없이도 한없이 한없이
바다를 들여다보고 싶은
동해의 푸르름이여

높지 않아도 한없이 한없이
올려다보게 되는
생명의 멋이여

함께 길을 가는
인연이 감사라면
에너지만큼 달려와
낙산사의 가을을 맞는
내 노래는

분명
내 소유인
아름다운 세상에 대한 감사입니다

* 낙산사 - 강원도 양양군 강현면 낙산사로 100

소금강 출렁다리

뒤로는 소금산이 든든하고
앞으로는 섬강과 삼산천이 어우러진
그 경치 아름다워
토정 이지함이 지극히 사랑했다는
간현 협곡의 이곳

섬강에 몸을 섞는 삼산천
유려한 물길과 우뚝한 산세에
활짝 열린 하늘과
구멍 뚫린 바닥
소금강 출렁다리의 아찔함이 매력이라니

여기
나 하나 머물러
유유자적해 볼까나.

* 소금강 출렁다리 - 강원 원주시 지정면 간현리 산 116-1(국내 최장, 최고 산악보도교)

박경리 문학공원

돌담길을 지나 평사리 마당에는
개울과 뚝 길이 있고
섬진강을 연상케 하는
작가의 옛집

손주들을 위한 연못이 있고
푸성귀가 자랄 텃밭과
잠자리 떼 쫒는 강아지가 있어

내용은 몰라도
도서관에 꼭 꽂혀있던
『토지』의 역사가 새겨진 이곳

작가는 몰라도
소설 『토지』는 잘 아는 사람들이
옛집 정원을 산책하네

* 박경리 문학공원 - 강원 원주시 토지길 1

강릉 선교장 – 조선시대 고택

하늘을 향해 봉긋 솟아난
활래정의 멋스러운 처마 밑에서
조선의 선비들은 풍류를 즐겼으리

고색창연한 홍예헌은
시인 묵객들의 발걸음을 붙잡아
삶과 애환을 공유했으리

추억이 흘러 시가 되려니
이 순간 이곳에서
마음 맞는 사람과
술 한 잔이 극락이겠어

* 강릉 선교장 - 강원도 강릉시 운정길 63

안목해변의 커피거리

바다가 고픈 내게
섬 하나 없이 펼쳐주는 동해의 넉넉함
깊고 맑은 강릉바다는
영롱한 푸름이다

커피처럼 뜨거운 안목해변에
줄줄이 선 카페
유서 깊은 강릉의 '차' 문화에
바다를 보며 마시는 커피
어쩌면
자린고비의 맛이 이런 맛이었을까

혼자 하는 여행이 낭만적이라
허세를 부리듯
시간도 잠시 묶어 둔다

* 안목커피거리 - 강원 강릉시 경강로 2643

정선 아우라지

송천과 골지천의 합류함이
어우러지니 아우라지라네

떠난 님 기다리는
애절한 마음 읊어 정선아리랑이라네

평화로우나 쓸쓸하고
늘어지듯 촘촘한 가락이 있어.

여량 8경 정선에서
나 홀로
사랑을 사설한다

* 정선 아우라지 - 강원 정선군 여량면 아우라지길 69

삼탄 아트마인

외로운 노동의 수고와
검댕이 가득한 얼굴에
뿌듯함과 보람 섞인
아버지의 표정이

날마다 탄광으로 향하는
아버지들의 어깨에 얹혀진 무게와
등 뒤의 그림자를 읽어보는
우리들의 시간이

강원도 정선
아름다운 함백산 자락 폐광에
예술의 향기로 피어났다.

예술을 캐는 탄광 입구
"아빠! 오늘도 무사히…"라는 문구에
문득 멈추어
가슴이 먹먹하다

* 삼탄 아트마인센터 - 강원도 정선군 고한읍 고한리 5-26

병방산 스카이워크

병방산 중턱에 올라
밤섬과 동강의 아름다움을 감상하는 것
구름 위의 산책이었다

첩첩 이어지는 산과 계곡
조용하고 고즈넉한
정선의 풍경

병방치 전망대에서
동강이 감싸 안은
한반도를 내려다보며
멋스럽고
풍치 있게 노는 법을 알았다.

* 병방산 스카이워크 - 강원도 정선군 정선읍 병방치길 225

꼭 한 번은 가 보아야 할 곳 – 한반도지형

서강(西江)의 샛강인
평창강(平昌江) 끝머리에 서서
세월 흘러 형성된
한반도지형 내려다보니
애국심과 감동이 벅차오르더라

자연의 절묘함에
멋진 풍광과 높은 명성
아름다움을 눈에 담고
소중함을 가슴에 담고

람사르 습지에 등록된
명승지 제75호
꼭 한 번은 가 보아야 할 곳
한반도면 한반도지형

* 한반도지형 - 강원도 영월군 한반도면 옹정리 산 1880

젊은달 와이파크

참 영리한 미술관
'젊은달와이파크'는
펄펄 끓는 젊음과
불음의 에너지라

심폐 소생시켜 놓은 예술이
저마다 독특한 매력으로
다시 숨을 쉬고 있어

내 영혼은
힐링의 레드 카펫을 걷는다

* 젊은달와이파크 - 강원 영월군 주천면 송학주천로 1467-9

태백이 품은 황지연못

굽이굽이 1,300리 길을 달려 갈
낙동강의 시원
샘물이 대장정을 이르러
한강의 발원이 되기까지

황지연못의 신비와
검룡소
물의 근원지를
한꺼번에 품은 태백에서

민족의 젖줄을 만나
사람 사는 세상으로
나도 함께 흘러보기로 한다

* 황지연못 - 강원 태백시 황지연못길 12
* 검룡소 - 강원 태백시 창죽동 산 1-1

통리 탄탄파크

광부의 하루와
태백의 사계
갱도에서 세상으로 퍼져나간
기억의 빛

갱도에 라이팅을 더하니
넋 놓고 젖어도 좋을 신비함이여

내 영혼의 쉼과
내 안의 우주에는
지금
시원한 백두대간의 바람이 분다

* 통리 탄탄파크 - 강원 태백시 통골길 116-44
* 오로라파크 - 강원 태백시 통리길 70

난고 김삿갓문학관을 찾아

방랑 시인이 되지 않을 수 없었던
방랑 시인 김삿갓
방랑의 시작이요
종착지인 영월에서
난고 김삿갓문학관을 찾았더니

평생을 돌아보아
말로 하면 몇 날이요
글로 쓰면 몇 밤일 것을

'시시 비비'라는 네 글자로
세상의 옳고 그름을
시로 다 풀었네

천편일률적인 한시의 틀을 벗어나
자유자재로 장르 파괴의 시를 쓴
자유를 갈망했던 방랑의 노래가
통쾌한 맛으로 전시된 이곳에서

<

어떠한 상황에도
스스로 행복할 용기
어떠한 시각에도
스스로 자유할 소중한 내 삶을
새삼스레 보듬어가네

* 난고 김삿갓문학관 - 강원 영월군 김삿갓면 김삿갓로 216-22

제6부

산정호수에 내 품을 포개다

— 경기도

반월호수 — 딸의 봄이 오고 있다.

집 장만해 이사한다는 기별에
딸네 집에 왔다가
2월의 새싹이 부비부비 돋아나는
반월호수공원에서
딸의 그림을 그린다

딸이 사는 동네
딸의 길에서
딸은 벌써
총총총 뛰는 두 아들의 엄마가 되었네

군포 3경 반월호수
물그림자 비치는 봉우리에
봄처럼 피어서 꽃처럼 늙지 않을
딸의 봄이 오고 있다

* 반월호수공원 - 경기 군포시 둔대동 446-1

산정호수에 내 품을 포개다

산중에 우물과 같은 호수라서
산정호수라지만
어느 산중이 이토록
산세(山勢)가 수려할 수 있겠던가
어느 우물이 이토록
아름다워 빛날 수 있겠던가

산봉우리와 호수가 자아낸 절경과
잔잔히 여울지는 사월의 햇살 아래
포천의 품에 내 작은 품까지
포개놓고 말았어

내 몸 하나
산정호수에 가볍게 풀어 놓고 말았어

* 산정호수 - 경기 포천시 영북면 산정리 243-1

평강랜드

기어이 꽃은 피어
남녘 하늘에는 벚꽃 벙그는 소리로
사월이 지는데
북녘 평강랜드의 봄은
편안한 풍경만으로도
아직
조급하지 않아도 되는 것이란다

기어이 봄은 피어
남녘의 땅에는 목련꽃 툭툭
사월이 지는데
북녘 평강랜드의 봄은
일상의 자유함만으로도
아직
서두르지 않아도 되는 것이란다

바람꽃처럼 성급하게 마실 나온
홀씨 같은 그리움이 무색하다

* 평강랜드 - 경기 포천시 영북면 산정리 산 155

포천아트밸리

훼손된 자연경관을 복구하고 보존한
문화예술의 터
적어도 이곳은
자연을 훼손한 반성의 공간이라 하겠어

자연의 끈질긴 생명력과
작가들의 끊임없는 노력이
만들어 낸 천주호는
적어도 포천아트밸리의
명물이라 하겠어

밤하늘에 별을 감상할 수 있는
천문과학관과
천주호가 훤히 내려다보이는
하늘정원에서
혼자라도 낭만이 있는 힐링이었어

* 포천아트밸리 - 경기 포천시 신북면 아트밸리로 234

비둘기낭폭포

쉬이 설명할 수 없는 마찰력
아니면
원래 한 몸이었다가
오랜 시간에 걸쳐진 침식
아니다
아치 형태의 그냥 신기함이다

물빛은 마치
빙하에서 녹은 듯 눈부시게 파랗고
소리는 마치
계곡을 채우고도 넘치게 우렁차다

에메랄드 빛 이 영롱함
한탄강이 만들어 낸 이 독특한 풍경에
감탄을 아끼지 않겠다

* 비둘기낭폭포 - 경기 포천시 영북면 대회산리 415-2
* 한탄강 하늘다리 - 경기 포천시 영북면 대회산리 377

허브아일랜드

지중해에서 출발하여
몸만 오는 것이 아니라
향기까지 몰고 와서는

세계 최초
허브식물박물관에 턱 하니 앉아
뭇사람들 눈과 손끝을 묶고
뭇사람들의 애정을 묶어

마스크 너머로도
향기의 힐링은 익숙한
일상이 되었어.

* 허브아일랜드 - 경기 포천시 신북면 청신로 947번길 35

오두산 통일전망대

임진강과 한강이 만나
서해로 흐르는 모양이
저토록 보기에도 좋은데

임진강과 한강위에
물살과 바람이 만들어 낸 평화로움이
저토록 보기에도 좋은데

쭉 뻗은 자유로를
거침없이 달릴 때만 해도 몰랐다

통일전망대에 올라
먹먹한 가슴으로 멍때리게 될 줄을

* 오두산 통일전망대 - 경기 파주시 탄현면 필승로 369

마장호수 출렁다리

마장호수 출렁다리 위에서
중간중간 위태로울 때는
살면서
내가 위태로울 때와 같았고

혼자 염려하고
혼자 엄살을 부리며

내 그림자를 내가 돌아보고
나를 세워 두고 내가 찍고
나와 내가 동행하는
천혜의 요새 같은 자연의 품

일상에서
또는 사람에게서 지쳤다가
치유하고 힐링하는
내가 나에게 허락한 내 품이었다.

* 마장호수 출렁다리 - 경기 파주시 광탄면 기산리

임진각 평화누리공원

최남단에서
천 리를 달려와 평화누리공원을 누비는데
북에서 오면
십 리도 아닌 이 땅을 올 수 없는 아픔이
내 아픔인 것을 보면
남이나 북이나
우리는 우리라는 것이다

임진각 독개다리거나 자유의 다리거나
혹은 꿈의 다리까지 과거에서 미래로
오직 함께 건너자는
희망과 염원이 하나이기에
남이나 북이나 우리는 우리라는 것이다

어느 날 우리는 자유의 언덕에서
바람개비 돌아가는 풍경을
함께 감상할 수 있기를…

* 임진각 평화누리 - 경기 파주시 문산읍 임진각로 177

퍼스트가든

내게
빛에 대한 기억은 아무것도 없는데
빛에 대한 그리움이 이토록 깊다니
본시 사람은 빛으로 이어져 있었구나

영혼의 빛
희망의 빛
그 누구도
맑은 빛을 거절할 이유 없어
빛의 광장에 멍석 깔아 놓으니
하늘을 향해 날지 않는 사람이 없어

퍼스트가든에 오면
빛을 향해 발버둥치지 않아도
모두가 빛이라는 것이다.

* 퍼스트가든 - 경기 파주시 탑삭골길 260

지혜의 숲 도서관 — 파주 출판단지

자음과 모음을 펴놓고
몸에 두르다가
입에 올리다가
밑줄을 긋다가
문신으로 새기다가

아름다운 문장들을 펴놓고
구슬처럼 꿰고
물방울처럼 모아서
세상으로 흘러가는
한 줄과 한 권의 책들은

분명
삶의 지혜로 부활하여
숲이 우거진 세상을 꿈꿀 것이다

* 지혜의 숲 도서관 - 경기 파주시 회동길 145

헤이리 예술마을의 노을

자연이 만든 굴곡을 그대로
고민과 철학을 담아낸 마을 길이
충분히 이국적이어서
충분히 해찰 부리며
어슬렁거릴 수 있는 헤이리 예술마을

사각형의 건물 안에서는
문화예술과 인문학이 섞인 토론이
비정형의 건물 안에서는
다양한 레퍼토리의 공연이 풍성하니
비스듬히 세워진 건물 안에
나 하나 쯤 주인인 양 비스듬히 앉아보니

다섯 개의 야산을 옆구리에 끼고 앉아
누가 시키지도 않았건만
노을동산이라 이름표를 달아 놓은
헤이리 예술마을은 노을도 예술이더라

* 헤이리 예술마을 - 경기도 파주시 탄현면 헤이리마을길

광명동굴에서 영광을 누렸다

들숨으로 바람을 끌어들이고
날숨으로 바람을 내보내는
광명동굴은
광명 가학산의 숨구멍이었을지도 몰라

허리를 곧추세우고 동굴에 들어서는
이 설레임은
광물로 눈부시게 빛났던
등 굽은 광부의 열망이었을지도 몰라

그날
그 깊은 곳에서
빛을 보고 즐기다가
맛을 보고 흔들리다가
근대화 산업화의 흔적으로
뼛속까지 홍건해져
광명동굴에서 현재의 영광을 누렸다

* 광명동굴 - 경기도 광명시 가학로 85번길 142

제7부

혼자 떠나는 여행보고서

모두가 혼자입니다

잠깐잠깐 묵은 통증이
비처럼 쏟아지게 아파
새벽잠 털고 눈 떠 보니

출장 중인 남편의 자리까지
집안이 휑합니다.
부부만 사는 집에
하필이면 혼자일 때 아파서는
꼼꼼히 입원채비를 하고
병원으로 달렸습니다

내 몸에서 일어나는 일을
스스로 인지할 수 있어서
내게 필요한 것을 찾아
씩씩하게 달려갈 수 있음에
참으로 감사했습니다

뜬금없이 낯선 병실 모두가 혼자입니다

각자 혼자인 이곳에
함께 혼자일 수 있음이 참 감사입니다

혼자일 수 없을
그 전에
혼자일 수 있음이
혼자인 내가
진실로 대견하고 사랑스럽습니다

내가 마련한 내 자리

토닥토닥
정갈하게 화장을 하고
불을 지핍니다

불이 붙는 사이
된장과 마늘 그리고
내 몸뚱이 휘어 감고도 남을
상추를 씻어 올리고

하얀 쌀밥 곁에
나란히
이슬 한 병

사월 햇살이 여우네 마당에
거침없이 쏟아지는데
함께 어우러지는 삼겹살이
숯불화로 위에서 익어갑니다

이미 익어버린 가슴은
아무 일 없었던 것처럼
오늘과 어제와 내일을 넘나들며
익숙한 대접을 받고 있습니다

나를 위하여
내가 마련한
나 혼자만의 이 자리에는
사실은
아무도 건드리지 않아 주셨으면
참 좋겠습니다

혼자도
충분한 감사입니다

의미 없는 삼겹살 한 줄

에라!
혼자 불 피워 삼겹살 세 줄이면
딱 좋았는데
부족할까 몰라
괜히 한 줄을 더 구웠어

아마도
마주하는 이
그 누군지 그리워
본능적으로 올렸을지 몰라
삼겹살 한 줄!

숯불 위에
의미 없이 타고 있는
덤으로 올린 삼겹살 한 줄
다…
내 잘못이다

적어도 지금은

내가 나만 생각해야 했었어

내 안의 여인이여!

어차피 세상은
스스로 다독이는 것이라
우락부락 볼멘 의지로
홀로 신음하며 피워 낸
깨꽃 닮은 여인이여!

세상이 내게 다가와 부딪힐 때
부질없는 함성으로라도
단 한 번 대들지 못했던
여리디 여린 여인이여!

꽃다운 대접도 없이
햇빛도 귀한 장마에
연보랏빛 등을 이고 깨꽃 환히 피었다

꾼의 혼술 · 1

돌아도 보지 않겠다고 해놓고
나도 모르게 말려들어
멀쩡하게 마주 앉았네

가슴에 가득한 것들
소리 없이 꿀꺽 삼키다가
텅 빈 가슴 안에서 다시 만나는
그놈의 술

꾼의 혼술 · 2

가을은
얇은 가슴에도
깊게 파고든다

반쪽 술잔에
보태지고 채워지면서
가슴까지 깊어지는 것
가을이었던가
술이었던가

꾼의 혼술 · 3

혼자 술을 마시는 것은
인생철학의 논리를
직선에서 곡선으로 옮기는
아주 섬세하고 부드러운 작업이다

이 밤
혼 술로 곡선을 그리는 중

사람이라는 이름으로

나를
미워했다가
가여워했다가
그리워했다가
사랑했다가
덜컥
어머니만큼 귀한 나를 발견합니다.

사람 속에서 어우렁더우렁
소심하면서도 나에 대해 충분히 엄격한 나는
혼자라서 먹먹해지는 가슴보다
혼자라도 존귀함으로 감사가 되는
사람보다 더 아름다운 것은
사람이라는 이름입니다

사람과 사람의 끈이 아니라도
사람이라는 이름으로 혼자라도 감사입니다

혼자 떠나는 여행보고서 · 1 – 휴게소 풍경

혼자의 침묵이
함께 나누는 대화만큼
향기로울 수 있어

쓸데없는 눈총이거나
부질없는 관찰이
나와 상관없는 자유한 쉼터

내 일상과 뒤섞이지 않는
낯선 사람들의 낯선 소리들이
서로 잠깐 머물러 남기고 가는
편안한 에세이

그렇게
달리다가 멈춘은 휴식이었어
멈추다가 달리는 것은 힐링이었어

혼자 떠나는 여행보고서 · 2

오늘
반란을 택해서 무한질주하기로 합니다
도착지를 향해서 달리는 것이 아니라
여정을 즐기며 벗어나고 있는 중입니다

길동무거나 동행자를 찾기에는
그를 기다리게 할 수도 없으며
내가 기다릴 수도 없기에
내 영혼 홀로 품어
세상 한 번 살짝 흔들러 갑니다

높고 깊은 가을 하늘과
저만치 아름다운 세상이
내 곁에 와 줄 것이 만무하기에
내가 그 곁으로 가고 있는 중입니다

혼자 떠나는 여행보고서 · 3

산다는 것은
숨만 쉬는 것이 아니라
때로는
노래도 부를 수 있다는 것

있는 힘 다하여
욕심대로 품었다가
햇빛 달빛 별빛에
다 내려놓는 것

낯선 곳에서
나를 깊숙이 들여다보며
숨죽인 채
내 침묵에 귀 기울이는 것

목적 없이 떠났다가
목적 없이 돌아와도
목적이 되는 것.

박춘임 열 번째 울림

길 위에 새긴 시 ❷

초판발행일 2023년 6월 5일

지은이 : 박춘임
발행인 : 김순진
편집장 : 전하라
디자인 : 김초롱
펴낸곳 : 도서출판 문학공원
등　록 : 2004년 3월 9일 제6-706호
주　소 : 우편번호 03382 서울 은평구 통일로 633
녹번오피스텔 501호 스토리문학사
전　화 : 02-2234-1666
팩　스 : 02-2236-1666
홈페이지 : https://blog.naver.com/ksj5562
이메일 : 4615562@hanmail.net

※ 책값은 뒤표지에 있습니다.
※ 저자와의 협의에 의해, 인지는 생략합니다.